G. ROODA

Dexterity Exercises and Dances for Recorders in C

95

Oefeningen en Voordrachtstukken voor Blokfluit in C

(Soprano & Tenor)

HRW 3

HARGAIL MUSIC PRESS

PREFACE

It is most enterprising to know that nowadays the recorder has more admirers than ever before. There exists a lot of music for this particular instrument already, mainly of the period from Bach to Mozart. The works of the great masters during the above-mentioned period, such as Bach, Handel, Telemann, Mattheson, etc., require a high technical proficiency.

The object of this booklet is to familiarize the player with this technical proficiency, by means of special exercises.

The division is as follows :

Section 1. Some intervals. These exercises are meant to fix the intervals by ear as sound as possible. If possible rehearse them with piano accompaniment, and be sure to play them properly pitched.

Section 2. Exercises in the different tonalities. By these exercises the player will get more technical agility.

Section 3. The legato (slurring of tones). I cannot share some author's opinion, that legato playing on the recorder is not in accordance with the nature of the instrument. The legato is of the utmost importance especially when playing classical music.

Section 4. Different rhythms. Semiquavers; dotted notes, 6/8 and 3/8. The pieces used in this chapter are mainly English Country-, Morris- and Sword-dances, by kind permission of the editors Messrs. Novello & Co., London.

Soesterberg, Holland   G. ROODA

VOORWOORD

Het is een verheugend feit, dat men in de tegenwoordige tijd steeds meer belangstelling toont voor de blokfluit. Er bestaat weliswaar een uitgebreide litteratuur voor dit instrument, vooral uit de tijd van Bach tot Mozart, doch de werken van de grote meesters uit die tijd, zoals sonaten van Bach, Händel, Telemann, Mattheson enz. stellen aan de speler hoge eisen op het gebied van technische vaardigheid en muzikale ontwikkeling. De bedoeling van dit werkje is de leerling door middel van bepaalde oefeningen en op een aangename wijze met deze technische vaardigheid vertrouwd te maken.

De indeling is als volgt :

Afdeling I. Verschillende intervallen. Deze oefeningen hebben tot doel bepaalde toonafstanden in het gehoor vast te leggen en vaardigheid te verkrijgen in het maken van de verschillende greep-opvolgingen.

Afdeling II. Oefeningen in verschillende toonaarden. Door deze oefeningen verkrijgt de speler meer technische vaardigheid.

Afdeling III. Het binden van noten. De mening van sommige schrijvers, dat het binden van noten op de blokfluit niet in overeenstemming zou zijn met de aard van het instrument, wordt door mij niet gedeeld. Het legato-spel is vooral bij klassieke werken van groot gewicht.

Afdeling IV. Verschillende rythmen. De in dit hoofdstuk opgenomen stukjes zijn meest Engelse contra-, morris- en zwaarddansen, met toestemming van de Firma Novello & Co. te Londen overgenomen.

Evenals het eerste deel*) is ook dit werkje een uitgezochte verzameling van oefeningen en muziekstukjes, zoals ze door mij in de loop der jaren voor leerlingen werden geschreven. Door de behaalde resultaten hebben ze hun bruikbaarheid in de praktijk reeds bewezen en geef ik ze dan ook met vol vertrouwen in druk.

G. ROODA

*) G. Rooda, Handleiding voor blokfluit in C deel I.
Hollandse tekst. Uitgave J. A. H. Wagenaar, Utrecht, Nederland.
Sole Agents for U.S.A. : Hargail Music Press, New York.

Section 1. Intervals

Rehearse bar after bar. Keep repeating every bar until you can play it without hesitation. Breathe after every bar. By shortening the last note of each bar, you will have time enough to breathe without disturbing the rhythm.

Afdeling I. Verschillende Intervallen

Oefen maat voor maat. Herhaal iedere maat zolang, tot ze zonder haperen gespeeld kan worden. Na iedere maat ademhalen. Door de laatste noot van de maat iets korter te blazen, krijgt men tijd voor ademhalen, zonder de rythmische beweging te storen.

1. Seconds—Seconden

h

2. English duos — Bourrée

3. Triads — Tertsen

a

b

c

d

6

4. English duos   Bourrée (Händel)

5. Fourths — Quarten

6. Minuet – Menuet (Telemann)

7. Fifths – Quinten

10

8. Minuet — Menuet (J. S. Bach.)

9. Sixths — Sexten

13

10. Tyrolienne

Section 2. Different Tonalities

Play slowly at first and try to accelerate the tempo. Repeat each bar until you are able to play it smoothly and without hesitation. To obtain proper results please pay the necessary attention to breathing : only at the end of each particular bar, and if playing a faster tempo, after 2 or 4 bars.

Afdeling II. Oefeningen in verschillende toonsoorten

Eerst langzaam spelen en na enige oefening het tempo trachten te versnellen. Iedere maat zolang herhalen tot ze vlot en zonder haperen gespeeld kan worden. Denk om de ademhaling. Alleen aan het einde van iedere maat, bij een vlugger tempo na twee of na vier maten.

11.

12.

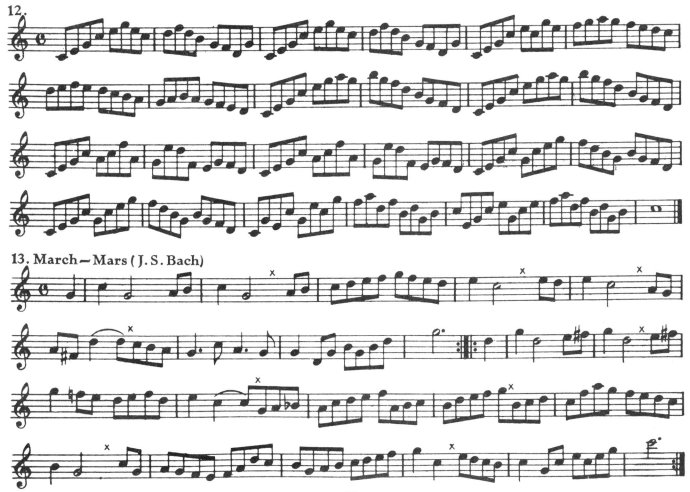

13. March — Mars (J. S. Bach)

15

14. German dance—Duitse dans (J. Haydn)

15.

16.

17. Mourqui (Leopold Mozart)

17

18. Minuet — Menuet (J. S. Bach)

19.

20.

21. Minuet — Menuet (Telemann)

22. Bourrée (J.S. Bach)

20

23. Minuet—Menuet (Leopold Mozart)

24.

25.

26. Minuet — Menuet (Telemann)

27. Gavotte (J.S. Bach)

28.

29.

30. Minuet – Menuet (W. A. Mozart)

31. Gavotte (Händel)

32. Bourrée (Leopold Mozart)

25

Section 3. Legato

The difficulties are : first, correct fingering; second, keeping correct time. Especially in playing legato one has to watch every note, to give it full value. Begin the exercise non-legato!

Afdeling III. Het binden van noten

De moeilijkheden zijn : 1e. een correcte greepopvolging zonder tussentonen en 2e. het behoud van het rythme. Vooral bij binden dient men er op te letten, dat iedere noot haar juiste waarde krijgt. De oefening altijd eerst spelen zonder te binden.

33.

34. Minuet — Menuet (J. Haydn)

35. Gavotte (v. Glück)

27

36.
a

b

c

d

37. German dance ~ Duitse dans (J. Haydn)

38. Gavotte (J.S.Bach)

39.

a

b

39.

40. Gavotte (Händel)

41. Polonaise (Leopold Mozart)

42.

a

b

c

43. German dance—Duitse dans (J. Haydn)

44. Minuet — Menuet (Saint - George)

45.

a

b

c

33

46. German dance—Duitse dans (J. Haydn)

47. German dance—Duitse dans (J. Haydn)

34

Section 4. Different Rhythms

A. Semiquavers (Sixteenth notes)

Sub-rhythm. Always count properly, accent the first count of each bar. Again start non-legato.

The pieces used in this chapter are folk-dances taken from: „30 Contra-dansen, 15 gemakkelijke Contra-dansen en 10 Morris- en Zwaarddansen" by Dr. Elise van der Ven—ten Bensel, edition „De Spieghel", Amsterdam.

Afdeling IV. Verschillende Rythmen

A. Zestiende noten

Onder-rythme is een deelbegrip. Men kan zich dit het beste aanleren door hardop te tellen: één, twee, drie, vier; één, twee, drie, vier, enz., daarbij de nadruk leggend op één. Elke oefening eerst spelen zonder binden. De in dit hoofdstuk opgenomen stukjes zijn volksdansmelodiën, overgenomen uit: „30 contra-dansen, 15 gemakkelijke contra-dansen en 10 morris- en zwaarddansen", door Dr. Elise van der Ven—ten Bensel. Uitgave „De Spieghel", Amsterdam.

49. Childgrove — Kleuterbos (Contra- dans)

50. Blue eyed stranger (Handkerchief Dance) — De vreemdeling (Zakdoekendans)

51. The Fools Jig (Bampton) — De narrendans (Morrisdans)

52.

38

53. Galopede — De galop

54. Brighton Camp — Kampjool

39

55. Three around Three — Het driespan

56. The twin Sisters — Met z'n tweeën

40

57. Rodney — De Pinkstertrekkers

58. Old mother Oxford — De bellenman

59.

60. Morpeth Rant — Jan Klaassen

61. Sword dance — Zwaarddans

43

63. Apley House — De appelhof

64. Ribbon dance — De lintendans

65. Lads A Bunchum (Addersbury) — Jongens van Oosterbeek

45

66.

67. Mad Robin — Robijntje

68. Indian Queen ~ Oosterse Prinses

69. Nancy's Fancy ~ Nancy

47

49

51

72. **Prince Rupert's March — Prins Robert**

73. **Gathering Peascods — Erwten plukken**

52

74. Trunkles — Schoppentroef

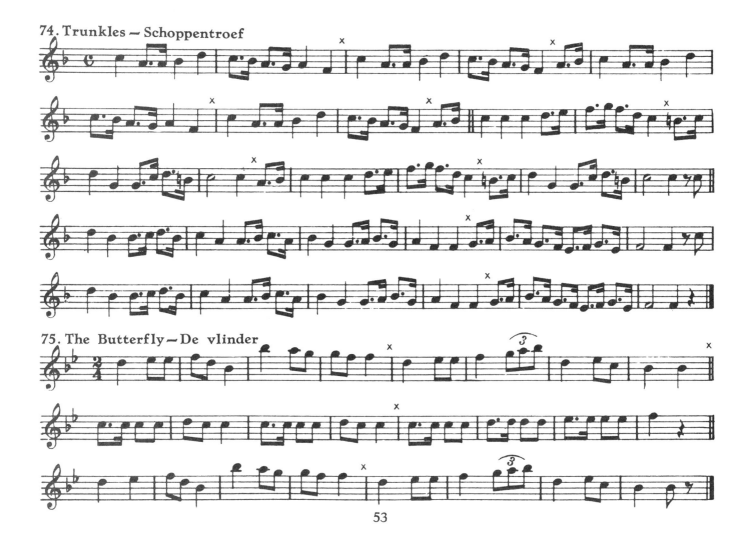

75. The Butterfly — De vlinder

76. The Maid in the Moon (All in a Garden green) — Onder een linde groen

77. Oranges and Lemons — Appeltjes van Oranje

C. $\frac{6}{8}$ and $\frac{3}{8}$ rhythms

C. $\frac{6}{8}$ en $\frac{3}{8}$ maat

80. Sellenger's Round (or The beginning of the World) — De grote ronde

81. Haste to the Wedding — Bruiloftsdans

82. Never love thee more — Groet U allegaar

83. Piper's Fancy — De vrolijke pijper

84. Hunsdon House — Malpertuis

85. Three meet (or The Pleasures of the Town) — Met z'n drieën

86. Confess — Rosemond

87. The Blacksmith (Green Sleeves) — De smid

88. Durham Reel — De ringelrei

60

D. Classical music   D. Enige klassieke stukjes

89. Polonaise (J. S. Bach)

90. Gavotte (W. A. Mozart)

61

91. Vite (Telemann)

92. Country-dance (W. A. Mozart)

93. Gigue (King)

94. Rondo (Hotteterre)

95. Gigue (J . S . Bach)

63